선사시대부터 현대사까지 흐름 꿰뚫기

KB135654

초등 한국사 ②

삼국시대와 남북국시대

1차시 삼국의 성립

2차시 삼국의 전성기

3차시 삼국의 문화

4차시 삼국 통일과 발해 건국

공부한 달 :   년   월

〈2호 수업안내문 | 삼국시대와 남북국시대〉

제목	학습 목표	학습내용
1차시 삼국의 성립	· 삼국의 건국 이야기를 통해 삼국의 성립 과정을 이해한다. · 삼국이 중앙 집권 국가의 기초를 세우는 과정을 이해한다. · 신분에 따른 삼국 시대 사람들의 생활 모습을 이해한다.	01 고구려와 백제의 건국 이야기 02 신라와 가야의 건국 이야기 03 중앙 집권 국가의 기초를 세우다 04 삼국 시대 사람들의 생활 모습
2차시 삼국의 전성기	· 삼국의 전성기를 통해 삼국의 발전 과정과 상호 경쟁을 이해한다. · 고구려가 수·당의 침입을 물리친 과정을 이해한다.	01 4세기 : 백제의 전성기(근초고왕) 02 5세기 : 고구려의 전성기(광개토대왕) 03 6세기 : 신라의 전성기(진흥왕) 04 7세기 : 고구려 수·당을 물리치다
3차시 삼국의 문화	· 유물과 유적을 통해 삼국의 문화를 이해한다. · 이웃 나라들과 활발히 교류한 삼국의 문화를 이해한다.	01 고구려의 문화 02 백제의 문화 03 신라와 가야의 문화 04 삼국, 세계와 교류하다
4차시 삼국 통일과 발해 건국	· 신라의 삼국 통일과 발해의 건국 과정을 이해한다. · 통일 후 신라 사람들의 생활 모습과 발해 사람들의 생활 모습을 이해한다. · 통일 후 신라의 문화와 발해의 문화를 이해한다.	01 신라의 삼국 통일 02 발해의 건국 03 신라와 발해 사람들의 생활 모습 04 신라와 발해의 문화

이 달에 배우는 한국사 연표

기원전108	기원전57	기원전37	기원전18	372	384
고조선 멸망	신라 건국	고구려 건국	백제 건국	고구려, 불교 전래	백제, 불교 전래

427	433	475	527	538
고구려, 평양 천도	나제동맹 성립	백제, 웅진 천도	신라, 불교 공인	백제, 사비 천도

612	660	668	676	698	828
고구려, 살수대첩	백제 멸망	고구려 멸망	신라, 삼국통일	발해 건국	장보고, 청해진 설치

1 삼국의 성립

학습내용

01 고구려와 백제의 건국 이야기
02 신라와 가야의 건국 이야기
03 중앙 집권 국가의 기초를 세우다
04 삼국 시대 사람들의 생활 모습

공부하고 스스로 평가하기

○ 고구려, 백제, 신라, 가야의 건국 이야기를 말할 수 있어요. ☆☆☆☆☆

○ 건국 이야기 속에 담긴 의미가 무엇인지 말할 수 있어요. ☆☆☆☆☆

○ 중앙 집권 국가가 무엇인지 말할 수 있어요. ☆☆☆☆☆

○ 신분에 따른 삼국 시대 사람들의 생활 모습을 말할 수 있어요. ☆☆☆☆☆

다음 건국 이야기를 읽고, 고구려와 백제의 건국 과정을 알아봅시다.

고구려 건국 이야기 – 주몽

고구려가 건국되기 전에 한반도 북쪽에 부여라는 나라가 있었다. 부여의 금와왕이 어느 날 강가를 거닐다가 울고 있는 한 여인을 만났다.

"저는 물의 신 하백의 딸 유화예요. 어느 날 놀러 나왔다가 하늘 신의 아들인 해모수를 만나 함께 지냈는데 저를 버리고 하늘로 올라가 버렸어요. 부모님은 제멋대로 혼인한 딸을 용서할 수 없다며 저를 쫓아냈답니다."

금와왕은 측은하게 여겨 유화를 궁으로 데려왔다. 얼마 뒤 유화는 알을 낳았는데, 그 알에서 사내아이가 태어났다. 아이는 어릴 때부터 활을 잘 쏘아 사람들은 '주몽'(부여 말로 '활을 잘 쏘는 사람'이란 뜻)이라 불렀다. 주몽은 궁궐에서 금와왕의 일곱 왕자들과 함께 자랐는데, 주몽의 뛰어난 재주를 시샘한 왕자들이 주몽을 죽이려고 했다. 생명의 위협을 느낀 주몽은 임신한 아내를 둔 채 자신을 따르는 무리를 이끌고 부여를 탈출해 압록강가의 졸본(환인) 지역에 고구려를 세웠다.

백제 건국 이야기 – 온조

주몽은 고구려에서 혼인해 비류와 온조 두 아들을 얻었다. 그런데 어느 날 부여에 남았던 주몽의 부인이 낳은 아들인 유리가 찾아왔다. 주몽이 유리를 태자로 삼자, 비류와 온조는 고구려를 떠나 새로운 나라를 세우기로 했다. 형 비류는 미추홀(인천)에 나라를 세웠고, 동생 온조는 위례성(서울)에 자리를 잡았다. 비류가 정착한 곳은 바닷가라 농사가 잘되지 않자 비류의 백성들은 온조의 나라로 옮겨 왔다. 그 후 온조는 나라 이름을 백제라 하고 주변으로 세력을 넓혀 가며 나라의 모습을 갖추어 나갔다.

┃ 고구려를 세운 사람은 누구인가요?

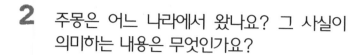

2 주몽은 어느 나라에서 왔나요? 그 사실이 의미하는 내용은 무엇인가요?

3 주몽이 고구려를 세운 지역은 어디인가요? 지도에서 찾아보세요.

4 비류와 온조의 아버지는 누구인가요? 그 사실이 의미하는 내용은 무엇인가요?

5 비류와 온조가 나라를 세운 곳은 어디인가요? 지도에서 찾아보세요. 왜 비류보다 온조가 세운 나라가 더 발전하게 되었나요?

6 고구려와 백제 건국 이야기의 공통점과 차이점은 무엇인가요?

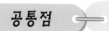 공통점

차이점

다음 건국 이야기를 읽고, 신라와 가야의 건국 과정을 알아봅시다.

신라 건국 이야기 – 박혁거세

지금의 경상북도 경주 지역에는 여섯 부족이 모여 만든 사로국(신라의 옛 이름)이라는 작은 나라가 있었다. 사로국은 왕이 없이 여섯 촌장이 다스리고 있었다. 어느 날 한 촌장이 나정이란 우물가에서 흰말이 무릎을 꿇고 울고 있는 것을 보고 이상하게 여겨 가까이 가 보니, 말은 온데간데없고 커다란 알 하나만 있었다. 얼마 후, 그 알에서 잘생긴 사내아이가 나왔다. 촌장들은 그 아이가 박처럼 둥근 알에서 나왔다고 하여 박씨란 성을 붙여 주고, '세상을 밝게 다스린다'는 뜻의 '혁거세'란 이름을 지어 주었다. 사람들은 그를 하늘에서 내려온 아이라 생각하여 사로국의 첫 번째 임금으로 삼았다.

가야 건국 이야기 – 김수로

지금의 경상남도 김해 지역 낙동강 주변에 구지봉이라는 산을 중심으로 아홉 부족이 모여 사는 가야라는 작은 나라가 있었다. 당시 가야는 왕이 없이 아홉 명의 촌장이 나라를 다스리고 있었다. 어느 날 하늘에서 큰 목소리가 들려와, 사람들은 놀라 떼를 지어 구지봉으로 올라갔다.

"하늘이 내게 이곳에 나라를 세우고 왕이 되라 하셨다. 산봉우리 흙을 파면서 거북 노래를 부르면 왕을 맞이하게 될 것이다."

구지봉에 모인 아홉 촌장과 마을 사람들은 나무 막대기로 땅을 두드리며 노래를 불렀다.

"거북아 거북아 머리를 내밀어라./내밀지 않으면 구워 먹으리."

그러자 하늘에서 붉은 보자기에 싸인 금빛 상자가 내려왔다. 그 속에 여섯 개의 황금 알이 있었는데. 며칠 뒤 알에서 여섯 명의 사내아이가 나왔다. 그중 가장 먼저 태어난 아이가 김수로였다. 그는 금관가야의 임금이 되었고, 나머지 다섯 아이도 각각 다섯 가야의 임금이 되었다.

▎ 박혁거세는 무슨 뜻인가요?

2 신라는 어느 지역을 중심으로 성장했나요? 지도에서 찾아 보세요.

3 가야는 어느 지역을 중심으로 성장했나요? 지도에서 찾아 보세요.

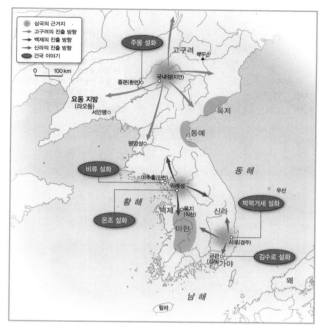

4 서로 관련 있는 건국 이야기를 연결하고, 건국 이야기가 세 나라와 다른 한 나라를 찾아보세요.

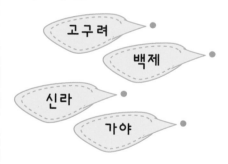

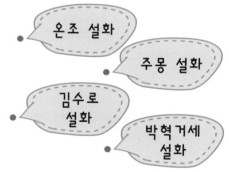

설화(說말씀설 話이야기화) : 말로 전해진 이야기
: 한 민족 사이에 입으로 전해져 내려오는 이야기의 총칭. 신화·전설·민담의 세 가지가 있다.

5 다음 중 알에서 태어났다는 것은 무엇을 의미할까요? 선생님 설명을 듣고, 내가 설명해 보세요.

태양

새

6 건국 이야기 속 지도자들은 왜 특별한 능력을 가진 존재로 나타날까요?

삼국의 왕들이 중앙 집권 국가의 기초를 다지기 위해 노력한 과정을 알아봅시다.

삼국의 왕 - 중앙 집권 국가를 꿈꾸다

고구려, 백제, 신라는 철기 만드는 기술을 갖추고 정복 전쟁을 통해 점차 나라를 키워 갔다. 정복 전쟁으로 여러 부족들을 통합하면서 영토가 넓어지고 백성들이 많아졌다. 삼국은 규모가 커진 나라를 원활하게 운영하기 위해 율령을 만들고, 나라 살림을 운영하기 위해 백성들한테 세금을 걷었다. 또 부족마다 믿는 신이 서로 달라 백성들의 마음을 하나로 모으기 힘들자 새로운 종교인 불교를 적극적으로 받아들였다. 고구려는 삼국 중 가장 먼저 불교를 받아들였다(372). 중국의 왕이 스님과 그 일행을 고구려에 보냈고, 그들은 불상과 불경을 가지고 들어와 머물면서 고구려에 불교를 전해 주었다. 고구려의 뒤를 이어 384년 백제도 불교를 받아들이면서 곳곳에 절을 짓는 등 적극적으로 불교를 전파하였다. ㉠신라는 고구려를 통해 불교가 전해졌으나 귀족들의 반대가 심해 바로 인정받지 못했다. 귀족들은 왕권을 강화시켜 주는 불교보다 귀족들의 권력을 유지해 주는 전통 신앙을 더 옹호했다. 하지만 527년 법흥왕 때 이차돈의 순교로 나라의 종교로 받아들였다. 이후 삼국의 불교는 왕실의 보호를 받으며 백성들에게 널리 퍼져 나갔다.

〈이차돈 이야기〉

이차돈 순교비

왕위에 오른 신라의 법흥왕에게는 한 가지 고민이 있었다.

'나의 권위를 높이고 귀족 세력을 누르기 위해서는 불교를 받아들여야 하는데 좋은 방법이 없을까?'

왕의 뜻을 알게 된 이차돈은 귀족들이 성스럽게 여기는 산에서 나무를 베어다가 절을 짓기 시작했다. 귀족들은 거세게 반발하였고, 귀족들의 뜻에 따라 왕은 이차돈을 처형할 수밖에 없었다. 이차돈은 죽기 전에 "제가 죽은 뒤 신기한 일이 일어날 것입니다."라고 말했다. 이차돈이 처형되는 순간 목에서 흰 피가 솟구치고 하늘에서 꽃비가 내렸다고 한다. 이를 지켜본 사람들은 불교를 믿게 되었고, 신라는 귀족들의 반대를 물리치고 불교를 인정할 수 있게 되었다.

삼국에 전래된 불교는 ㉡'왕이 곧 부처'라는 생각을 바탕으로 하고 있었기 때문에 백성들이 왕을 부처와 같이 섬기도록 하면서 왕권을 강화시켜 주는 데 큰 역할을 하였다. 삼국은 끊임없는 정복 활동으로 영토를 넓히고 힘을 키워 갔다. 그리하여 고구려, 백제, 신라는 중앙 집권 국가의 기초를 세우게 되었다.

1 다음 중 중앙 집권 국가와 관련이 없는 것은?

① 정복 전쟁   ② 율령 반포   ③ 불교 수용   ④ 신분 철폐   ⑤ 왕위 세습

2 삼국의 왕들이 새로운 종교를 필요로 한 이유는 무엇인가요? 삼국이 불교를 받아들인 순서는?

	➡	➡

3 ㉠이 무슨 의미인지 선생님 설명을 듣고, 내가 설명해 보세요.

4 '이차돈의 순교'가 무엇인지 설명해 보세요.

5 ㉡'왕이 곧 부처'란 무슨 뜻이며, 이러한 불교 사상이 어떻게 왕권을 강화시켜 주었는지 설명해 보세요.

6 삼국 시대에 다음과 같은 불교 문화재가 많이 생겨난 까닭은 무엇일까요?

고구려 금동연가 7년명 여래 입상
(가장 오래된 불상)

백제 익산 미륵사지 석탑

삼국 시대 사람들은 태어날 때부터 귀족, 평민, 노비로 신분이 정해져 있었는데, 신분에 따라 하는 일이 어떻게 다른지 알아봅시다.

신분이 정해지다

여러 집단이 국가를 이루면서 자연스럽게 사람의 신분이 정해졌다. 힘을 가진 집단에 속한 사람들과 이들을 도와 공을 세운 사람들은 귀족이 되었다. 귀족은 높은 관리가 되었고 많은 토지와 노비를 가졌으며, 국가의 중요한 일을 결정하였다. 일반 사람들은 평민이 되었고 전쟁에서 졌거나 죄를 지은 사람들은 노비가 되었다.

귀족-평민-노비

귀족은 지배 계층으로 많은 토지와 노비를 가지고 있었다. 귀족 회의에 참석하여 국가의 중요한 일을 결정하며 여러 가지 특권을 누렸다. **평민**은 대부분 농민들이었고 해마다 농사를 지어 나라에 세금을 냈다. 또한 궁궐을 짓거나 성을 쌓는 등 나라의 공사에 동원되었으며, 전쟁이 나면 나가서 싸워야 했다. **노비**는 가장 낮은 신분으로, 주로 귀족들의 농사를 지어 주거나 주인집의 여러 가지 일을 해주며 살았다. 노비는 주인의 소유물로 여겨 사고팔기도 하였다.

신분에 따른 의식주 생활

삼국 시대는 철저한 신분 사회였다. 어느 신분으로 태어나느냐에 따라 삶의 모습이 완전히 달랐다. 신분에 따라 할 수 있는 일, 오를 수 있는 관직의 등급, 입을 수 있는 옷, 집의 크기와 모양, 심지어 사용할 수 있는 그릇까지 정해져 있을 정도였다.

의(衣옷의) : 사람들은 베를 짜서 옷을 만들어 입었다. 엉덩이까지 길게 내려오는 긴 저고리에 남자는 바지를, 여자는 주름치마를 즐겨 입었다. 귀족들은 비단으로 만든 화려한 옷을 입었고, 관직의 등급에 따라 색깔이 달랐다. 평민은 주로 베로 만든 거친 옷을 입었다.

식(食밥식) : 철제 농기구와 소를 이용해 농사를 지었기 때문에 식량 생산량이 전보다 많이 늘어났고, 벼농사가 한반도 각지에서 이루어졌다. 그러나 쌀밥은 주로 귀족들이 먹었고 대부분의 백성들은 보리, 조, 콩, 수수와 같은 잡곡으로 밥을 지어 먹었다. 또한 채소를 소금에 절인 김치, 간장, 된장 등을 담가 먹기도 하였다.

주(住살주) : 귀족들은 창고가 딸린 넓은 기와집에서 살았고, 다양한 장식을 이용해 집을 화려하게 꾸몄다. 그러나 백성들은 갈댓잎이나 짚단으로 지붕을 얹은 초가집에서 살았다.

1 귀족, 평민, 노비 중 누가 하는 말인지 구별해 보세요.

☑ 올해는 흉년이 들어 세금을 내고 나면 먹을 게 없어 어쩐다지.　　　[　　　]

☑ 오늘은 회의에 참석하여 국가의 중요한 일을 의논해야겠군.　　　[　　　]

☑ 오늘은 또 사랑방에 손님이 많이 왔으니, 일찍 일이 끝나기는 글렀군.　　　[　　　]

☑ 아, 무슨 궁궐을 이렇게 크게 짓는담, 집에도 못 가고 벌써 몇 달째 궁궐　[　　　]
　에 있으니. 아이들이 보고 싶군.

☑ 우리 주인나리의 집은 워낙 커서 일을 해도 해도 끝이 없군.　　　[　　　]

2 다음 그림을 보고 귀족과 평민들의 생활 모습이 어떻게 다른지 설명해 보세요.

쌀밥　보리밥　비단　삼베

3 다음 고구려 벽화를 보고 고구려 귀족들이 어떻게 살았는지 말해 보세요.

무용총(춤무덤) 접객도(손님맞이그림)

수산리 고분 벽화(복원본, 평안남도 강서)

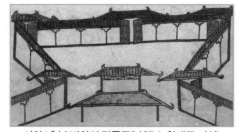

안악1호분 벽화의 건물도(복원본, 황해도 안악)

안악3호분 벽화의 생활도(복원본, 황해도 안악)

건국 이야기 쓰기

내가 삼국 시대에 태어나 나라를 세웠다면,
어떠한 건국 이야기를 만들었을까요?
나라 이름을 짓고, 왕의 권위를 높일 수 있는 건국 이야기를 상상해서 써 보세요.

나라이름

건국이야기

2 삼국의 전성기

학습목표

• 삼국의 전성기를 통해 삼국의 발전 과정과 상호 경쟁을 이해한다.
• 고구려가 수·당의 침입을 물리친 과정을 이해한다.

학습내용

01 4세기 : 백제의 전성기(근초고왕)
02 5세기 : 고구려의 전성기(광개토대왕)
03 6세기 : 신라의 전성기(진흥왕)
04 7세기 : 고구려, 수·당을 물리치다

공부하고 스스로 평가하기

○ 삼국 중 왜 백제가 제일 먼저 전성기를 맞이했는지 말할 수 있어요.

○ 고구려 전성기를 이끈 광개토대왕과 장수왕의 업적을 말할 수 있어요.

○ 신라의 진흥왕 순수비가 무엇인지 말할 수 있어요.

○ 살수대첩과 안시성 싸움에 대해 말할 수 있어요.

4세기 근초고왕이 이끌어간 백제의 전성기에 대해 알아봅시다.

근초고왕(재위 346-375)

삼국 중 가장 먼저 전성기를 맞이한 나라는 백제였다. 백제는 한강 유역에 있어 삼국 중 가장 먼저 전성기를 맞이할 수 있었다. 한반도의 중심에 위치해 있는 한강 유역은 넓은 평야 지대라 농사가 잘되었고, 한강을 통해 물건을 여러 지역으로 쉽게 실어 나를 수 있었고, ㉠바다를 통해 불교, 한자, 유교 경전 등 중국의 발전된 문물을 쉽게 받아들일 수 있었다. 이렇게 한강을 차지하면 경제적으로나 지리적으로 매우 유리했기 때문에 삼국은 한강을 서로 차지하려고 다투었다.

백제는 13번째 왕인 근초고왕 때 전성기를 맞이했다. 근초고왕은 마한 땅을 합병해 전라도까지 땅을 넓히고, 고구려의 고국원왕이 백제를 침략하자 평양성까지 치고 올라가 큰 승리를 거두고 고국원왕을 쏘아 죽이는 전과를 올렸다. 이제 백제는 북쪽으로는 황해도, 남쪽으로는 전라도 남해안까지 영토를 넓혔다.

| 왜 : 일본은 이전까지 '왜'라고 불렸으나 7세기 후반 '일본'으로 나라 이름을 바꾸었다.

1 삼국 중 백제가 제일 먼저 전성기를 맞이할 수 있었던 이유는?

2 한강을 차지하면 유리한 점이 무엇인가요?

3 지도에서 한강을 찾아 표시하세요. 한강은 어느 나라에 속해 있나요?

4 ㉠바다는 어느 바다를 가리키나요? 지도에서 찾아보세요.

백제의 전성기(4세기)

← 백제의 진출 방향

요서 지방

백두산

국내성(지안)

고구려

평양

동해

우산

한성(서울)

백제

황해

웅진(공주)
사비(부여)

신라

금성(경주)

가야

남해

탐라

5 백제가 전성기를 맞이한 시기는 몇 세기 어느 왕 때인가요?

6 다음 보기 낱말과 지도를 보고 백제가 남쪽과 북쪽으로 영토를 넓힌 과정을 설명해 보세요.

보기	마한 전라도 고구려 평양성 고국원왕 황해도 남해안

5세기 광개토대왕과 장수왕이 이끌어간 고구려의 전성기에 대해 알아봅시다.

광개토대왕 (재위 391~412)

백제 다음으로 전성기를 맞이한 나라는 고구려였다. 고구려는 수도를 국내성(중국 지안)으로 옮긴 뒤 주위의 작은 나라들을 정복하여 세력을 키워 나갔다. 광개토대왕은 백제에게 빼앗긴 남쪽 땅을 되찾기 위해 백제를 공격하여 한강 북쪽을 차지하고 백제의 항복을 받아냈다. 또한 왜구가 신라를 침략하자 신라를 도와 왜구를 물리쳤다. 이후 광개토대왕은 북쪽의 거란과 후연을 물리쳐 요동 지역(랴오허강 동쪽)을 차지하고 부여와 말갈을 정복하여 만주 지역(압록강 북쪽)을 차지해 영토를 크게 넓혔다.

장수왕 (재위 413~491)

광개토대왕의 아들 장수왕은 414년 **광개토대왕릉비**를 세워 아버지의 업적을 기록하고, 427년 수도를 국내성에서 평양성으로 옮겼다. 긴장한 백제와 신라는 고구려의 침략을 받았을 때 서로 도와주자는 ㉠나제동맹을 맺었다(433). 장수왕은 475년 백제 수도 한성을 공격하여 개로왕을 죽이고 한강 이남까지 차지했다. 나제동맹으로 신라가 백제를 도우러 왔지만 고구려의 기세에 눌려 소용이 없었다. 왕을 잃은 백제는 수도 한성을 버리고 웅진(충남 공주)으로 수도를 옮겼다. 장수왕은 계속 남쪽으로 내려가 신라 북부의 땅을 차지하고 **충주 중원 고구려비**를 세웠다. 장수왕은 이렇게 한강 유역을 모두 차지하고 백제와 신라를 위협하였다.

1 고구려의 수도 이전을 순서대로 써 보세요.

2 광개토대왕이 공격하여 항복을 받거나 정복한 나라들을 고구려 전성기 지도에서 찾아 쓰세요.

남쪽

북쪽

백제의 전성기(4세기)

고구려의 전성기(5세기)

3 ㉠나제동맹이란 무엇인가요?

4 고구려가 한강 유역을 완전히 빼앗은 것은 어느 왕 때인가요?

5 다음 두 비석을 통해 우리가 알 수 있는 사실은 무엇인가요?

광개토대왕릉비
(중국 지린성 지안현, 높이 6.39m 한국 최대의 크기)

충주 중원 고구려비
(충북 충주, 423년 장수왕 때로 추정)

6세기 진흥왕이 이끌어간 신라의 전성기에 대해 알아봅시다.

진흥왕(재위 540~576)

삼국 중 가장 뒤늦게 발전한 신라는 6세기 때 나라의 기틀을 다지고 전성기를 맞이했다. 22대 지증왕 때 강원도 중부까지 진출했고 우산국(지금의 울릉도)을 정복하였다. 23대 법흥왕 때는 율령을 반포하고 불교를 공인하여 나라의 기틀을 다지고, 24대 진흥왕은 화랑도를 국가 조직으로 만들어 인재를 길러 내고 영토 확장에 힘썼다. 이 무렵 백제는 성왕이 도읍을 웅진에서 사비로 옮기고 다시 힘을 길러 고구려에 빼앗긴 한강 유역 땅을 되찾고자 하였다. 백제의 성왕과 신라의 진흥왕은 나제 동맹을 맺어 고구려를 함께 공격하여 신라는 한강 상류, 백제는 한강 하류 지역을 갖기로 약속했다. 장수왕이 한강을 차지한 지 70여 년 만에 신라와 백제 연합군은 고구려를 공격하여 신라는 한강 상류, 백제는 한강 하류 지역을 차지했다. 진흥왕은 고구려 땅이던 충청도 단양 적성을 점령한 뒤 신라를 도와준 현지인을 포상하고 위로하는 적성비를 세웠다.

이후 진흥왕은 약속을 저버리고 백제를 공격해 한강 하류 지역까지 빼앗았다. 진흥왕은 계속 영토 확장에 힘써 남쪽으로는 대가야를 정복했으며, 북쪽으로는 고구려를 공격하여 함경도까지 진출했다. 진흥왕은 나라 곳곳을 돌아다니며 빼앗은 땅에 신라 땅임을 표시하는 순수비를 세웠다. 신라는 한강 유역을 차지하여 중국과의 교통로를 확보하고 삼국 통일의 기반을 마련하게 되었다.

1 다음 6세기 때 신라 왕들의 업적을 말해 보세요.

지증왕 (재위 500~514) → 법흥왕 (재위 514~540) → 진흥왕 (재위 540~576)

2 신라와 백제가 나제 동맹을 맺은 이유는? 그 결과 신라와 백제는 한강 유역을 어떻게 나누어 가졌나요?

3 신라의 진흥왕이 나제동맹을 깨뜨린 이유는 무엇일까요? 나라면 어떻게 했을까요?

고구려의 전성기(5세기)

신라의 전성기(6세기)

4 지도에서 다음 두 유물의 이름을 찾아 쓰세요. 두 유물을 통해 알 수 있는 사실은 무엇인가요?

5 왼쪽 지도의 가야 땅은 오른쪽 지도에서 어느 나라 땅이 되어 있나요? 가야는 왜 멸망당했을까요?

6 진흥왕이 영토를 확장한 후 세운 순수비를 위의 지도에서 찾아 쓰고, 어느 나라의 영토를 빼앗은 후 세운 건지 써 보세요.

┃ 순수(巡돌순 狩정벌할수) : 임금이 나라 안을 두루 살피며 돌아다니던 일

┃ 순수비(巡돌순 狩정벌할수 碑비석비) : 왕이 순수(巡狩)한 곳을 기념하기 위해 세운 비석

7세기 고구려가 중국의 수나라, 당나라의 침략을 물리친 과정을 알아봅시다.

612년 을지문덕의 살수대첩 – 수나라를 물리치다

살수대첩(민족기록화)

신라에게 한강을 빼앗긴 고구려는 빼앗긴 땅을 되찾고 싶었지만 중국의 침략 위험 때문에 남쪽을 공격할 여유가 없었다. 중국을 통일한 수나라는 많은 군사를 이끌고 고구려를 침략해 왔다. 이때 고구려의 장군 을지문덕은 항복을 빌미로 수나라 진영을 찾아가 수나라 군대가 오랜 전투로 지쳐 있고 식량도 부족하다는 사실을 알아냈다. 을지문덕은 일부러 수나라 군대에 밀리는 척하면서 수나라 군대가 살수(청천강)를 건너 평양성 부근까지 진격하도록 유인했다. 이때 을지문덕은 수나라 장수에게 다음과 같은 시를 보냈다.

> 그대의 신기한 작전은 하늘이 이치를 알았고
> 오묘한 계획은 땅의 이치를 깨달았구려.
> 전쟁에 이겨서 그 공이 이미 크니
> 만족한 줄 알고 전쟁을 멈추는 것이 어떠하오.

남은 식량도 싸울 힘도 없었던 수나라 군대가 후퇴하자 을지문덕 장군은 그들을 추격하여 살수에 이르렀을 때 공격하여 전멸시켰다. 이 전쟁을 살수대첩이라고 한다. 한편 수나라는 고구려와의 전쟁에서 패한 후 국력이 약해져 멸망하게 되었고 뒤이어 당나라가 세워졌다.

645년 안시성 싸움 – 당나라를 물리치다

중국을 다시 통일한 당나라도 수십만 명의 군대를 이끌고 고구려를 침략하였다. 당나라 군대는 요동성, 백암성 등을 점령한 후 안시성을 공격했다. 안시성 성주와 백성들은 힘을 모아 당나라 군대를 몰아냈다. 그러나 고구려는 연이은 전쟁으로 국력이 약해져 삼국 간의 경쟁에서 어려움을 겪게 되었다.

안시성 싸움(민족기록화)

1 고구려가 신라한테 한강을 빼앗기고도 신라를 공격하지 못한 이유는 무엇인가요?

2 을지문덕 장군은 어떠한 계략으로 수나라를 물리쳤나요? 왜 살수대첩이라고 부르나요?

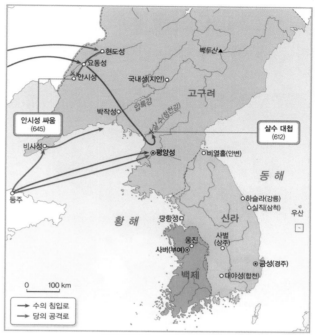

고구려의 수·당침입 격퇴

3 위의 지도에서 살수와 안시성을 찾아 표시해 보세요.

4 적은 수의 고구려 군대가 수·당의 침략을 물리칠 수 있었던 까닭은 무엇인가요?

5 고구려가 수·당의 공격을 막아내지 못하고 멸망당했다면 어떻게 되었을까요?

역사 상상력 업

근초고왕, 광개토대왕, 진흥왕

삼국의 전성기를 이끈 백제의 근초고왕, 고구려의 광개토대왕,
신라의 진흥왕이 서로 만나 점심을 같이 먹었습니다.
다음 빈 칸에 이들이 했을 법한 말을 써 넣으며 삼국의 경쟁 관계를 상상해 봅시다.

근초고왕 자넨 내가 활동할 당시 태어나지도 않았는데, 결국 삼국의 승자가 되었구려. 진흥왕, 자네는 백제에 대해 미안한 생각이 없는가?

진흥왕

광개토대왕 내가 죽고 내 아들 장수왕이 남진 정책을 펼쳐 백제를 상당히 괴롭혔다고 들었네. 그렇다고 우린 같은 조상을 가졌는데, 신라와 손을 잡고 나제동맹을 맺어서야 되겠는가?

근초고왕

진흥왕 우리 신라는 고구려와 백제의 틈바구니에서 살아남느라고 고생 많이 했지. 두 나라가 한강을 막고 있어 중국의 선진 문물을 받아들일 수도 없고······. 자네들이 신라의 왕이었다면 어떻게 했겠나?

근초고왕

장수왕

22

3 삼국의 문화

학습목표

• 유물과 유적을 통해 삼국의 문화를 이해한다.
• 이웃 나라들과 활발히 교류한 삼국의 문화를 이해한다.

학습내용

01 고구려의 문화
02 백제의 문화
03 신라와 가야의 문화
04 삼국, 세계와 교류하다

공부하고 스스로 평가하기

○ 고구려의 유물과 유적이 무엇인지 말할 수 있어요.　☆☆☆☆☆

○ 백제의 유물과 유적이 무엇인지 말할 수 있어요.　☆☆☆☆☆

○ 신라의 유물과 유적이 무엇인지 말할 수 있어요.　☆☆☆☆☆

○ 중국과 중앙아시아와의 교류를 보여 주는 유물과 일본에 전해진 삼국 문화를 말할 수 있어요.　☆☆☆☆☆

다음 고구려 유물과 유적을 보고 고구려 문화의 특징을 알아봅시다.

졸본 시대(기원전 37~3년, 40년) : 중국 환런 지역

삼국 시대의 문화를 보여 주는 대표적인 유적은 고분(古옛고, 墳무덤분)이다. 그 속에서 발견된 유물과 벽화 등을 통해 당시 사람들의 생각과 생활 모습을 알 수 있다.

고구려의 첫 수도 졸본이 있는 중국 환런 지역에는 졸본성으로 추정하는 홀승골성(오녀산성)과 고구려 무덤 양식인 돌무지무덤이 많이 남아 있다.

홀승골성(오녀산성)

국내성 시대(3~427년, 424년) : 중국 지안 지역

고구려의 두 번째 수도인 국내성이 있는 중국 지안 지역에는 장수왕의 무덤으로 추정하는 장군총을 비롯하여 돌무지무덤이 많이 남아 있다. 돌무지무덤은 돌로 방을 만들고 그 위를 흙으로 덮는 굴식 돌방무덤으로 점차 바뀌어 갔다. 굴식 돌방무덤의 벽과 천장에 그려진 벽화는 고구려 사람들의 생활 모습을 알려 주는 귀중한 문화재이다. 무용총의 무용도와 수렵도 벽화가 유명하다.

광개토대왕릉비

장군총(기단 한변 길이 33m, 높이 13m)

평양성 시대(427~668, 241년)

장수왕은 수도를 평양성으로 옮기고 남진 정책을 추진하여 한강 유역을 완전히 차지한 후 중원고구려비를 세웠다. 중원고구려비는 한반도에서 발견된 하나뿐인 고구려비로, 고구려 전성기 때 고구려 영토가 충청도 지역까지 미쳤음을 알려주는 중요한 유물이다. 중국 지안의 광개토대왕릉비를 축소한 모습을 하고 있다.

충주 중원 고구려비
(중원은 충주의 옛이름)

1 삼국 시대의 문화를 알 수 있는 가장 대표적인 유적은 무엇인가요?

① 왕궁   ② 고분   ③ 도자기   ④ 풍속화

2 다음 고구려 무덤 양식의 이름을 쓰세요. 벽화는 어디에 그렸을까요?

3 다음 고구려 벽화의 이름은 무엇인가요? 어느 무덤에서 발견된 벽화인가요?
벽화를 보니 어떤 느낌이 드나요?

수렵도(중국 지안 무용총)

무용도(중국 지안 무용총)

┃ 총(塚무덤총) :
주인이 밝혀지지 않은 무덤에 유물이나 벽화가 있을 때 총이라 부르며, 무덤에서 발견된 유물이나 벽화 이름을 따서 무덤의 이름을 짓는다.

4 국내에 남아 있는 유일한 고구려 석비의 이름은 무엇인가요? 왜 그런 이름이
붙었나요? 그 석비를 통해 우리가 알 수 있는 사실은 무엇인가요?

⦁ 이름과 이름이 붙은 이유 _____

⦁ 알 수 있는 사실 _____

_____

다음 백제의 유물과 유적을 보고 백제 문화의 특징을 알아봅시다.

한성(위례성) 시대 (기원전 18~기원후 475, 493년)

온조가 처음 한강 유역에 백제를 세우고 웅진으로 떠나기 전까지를 한성 시대라고 한다. 백제가 고구려에서 갈라져 나온 세력이 세운 나라임을 증명하듯이 이 시기 무덤은 고구려 돌무지무덤과 비슷하다.

석촌동 돌무지무덤(서울 송파구 석촌동)

몽촌토성(송파구 방이동 올림픽공원 내)

풍납토성(송파구 풍납동)

웅진(공주) 시대 (475~538, 63년)

이 시기에는 돌로 방을 만들고 그 위를 흙으로 덮는 굴식 돌방무덤을 많이 만들었다. 무령왕릉은 다른 무덤과 달리 중국 무덤처럼 무덤 내부를 벽돌로 쌓아 만들었다. 백제가 중국과 활발한 교류를 했다는 사실을 보여주고 있다.

무령왕릉 입구

무령왕릉 내부

무령왕릉에서 발굴된 금제 장식

사비(부여) 시대 (538~660, 122년)

부여는 백제의 수도로 백제 문화가 화려하게 꽃피었던 곳인 동시에 백제가 망한 슬픈 역사를 담고 있는 곳이다. 부여에서 발굴된 금동대향로(높이 64cm, 국보 287호)의 섬세한 조각은 백제의 뛰어난 금속 공예 기술을 보여 준다. 충남 서산 가야산 계곡 절벽 바위에 새겨 놓은 서산 마애여래 삼존상(국보 84호) 중 가운데 부처의 온화한 얼굴은 '백제의 미소'로 유명하다. 익산 미륵사지 석탑(국보 11호)은 목탑에서 석탑으로 넘어가는 과정을 충실하게 보여주는 우리나라에서 가장 큰 석탑이다. 부여 정림사지 5층 석탑(국보 6호)은 목탑의 구조와 비슷하지만 돌의 특성을 살려 전체적인 형태가 매우 우아하고 아름답다. 익산 미륵사지 석탑과 함께 2기만 남아있는 백제 시대의 석탑이다. 당나라 장수 소정방이 백제를 정복한 후 새겨 놓은 글귀가 남아 있다.

1 백제의 수도는 어떻게 이동해 갔나요?

2 석촌동 돌무지무덤은 어느 나라의 무덤과 비슷한가요? 이를 통해 알 수 있는 사실은 무엇인가요?

3 무령왕릉은 중국식 무덤처럼 벽돌 무덤으로 되어 있습니다. 이를 통해 알 수 있는 사실은 무엇인가요? 또 무령왕릉이 발견된 곳은 어디인가요?

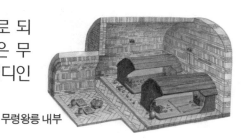

무령왕릉 내부

4 다음 중 무령왕릉에서 출토된 유물이 아닌 것은?

석수

왕과 왕비의 금제 관식

금귀걸이

금제 뒤꽂이

금동대향로

5 다음 사비 시대 유물의 이름을 쓰고, 내가 가장 잘 알고 있는 유물을 하나 골라 알고 있는 내용을 말해 보세요.

금동대향로

정림사지5층석탑

미륵사지 석탑(전북 익산)

마애여래 삼존상(충남 서산 용현리)

신라와 가야의 문화

다음 신라와 가야의 유물과 유적을 보고 신라와 가야 문화의 특징을 알아봅시다.

신라의 문화

신라는 고구려나 백제처럼 수도를 옮기지 않고 천 년 동안 경주가 수도였다. 그래서 경주는 신라의 박물관이라 할 만큼 가는 곳마다 다양한 문화재가 있다. 무덤에서 발견된 천마도와 금관 등의 유물들을 통해 신라의 화려한 문화를 접할 수 있다. 또한 선덕여왕 때 만들어진 첨성대는 그 시대에도 천문 과학 기술이 발전했음을 보여준다.

천마도

천마총

금관

금관총

첨성대

분황사 모전 석탑(돌을 벽돌처럼 깎아 쌓은 탑)

황룡사 9층목탑

가야의 문화

가야는 삼국과 달리 산등성이에 무덤을 많이 만들었다. 철이 많이 나오는 가야 지역에서는 철제 칼과 창 등 철로 만든 다양한 유물들이 발견되었다. 다양한 모양의 가야 토기와 지금까지 전해지는 가야의 가야금을 통해 가야의 문화 수준이 높았음을 알 수 있다.

다양한 모양의 가야 토기

가야금(경북 고령 우륵박물관)

금동관

1 신라의 문화재들은 어디에서 많이 발견되나요?

2 다음 유물은 어느 무덤에서 발견되었나요? 이 유물을 보니 어떠한 느낌이 드나요?

천마도

금관

3 옆의 사진에서 첨성대를 찾아보고, 어떠한 용도로 쓰였는지 말해 보세요.

> 삼국 시대 왕들은 하늘과 연결하여 자신의 권위를 높이려 하였다. 또 농사와도 직접 관련이 있기 때문에 천문 관측을 중시하였다.

철제 투구와 갑옷(경북 고령)

4 가야에서 철로 만든 유물이 많이 발견되는 까닭은 무엇인가요?

5 삼국은 그 나라의 자연환경에 적응하면서 서로 영향을 주고받으며 특색있는 문화를 발전시켰습니다. 삼국의 자연환경과 문화의 특색을 바르게 연결하세요.

고구려	산악 지형이라 험준하고 중국과 국경이 맞닿아 있어 전쟁이 잦았다.	진취적이고 씩씩한 기상
백제	한강 유역의 평야를 끼고 있어 풍요로웠고, 중국의 선진 문물을 받아들였다.	화려하고 섬세한 솜씨가 돋보인다.
신라	고구려와 백제 문화의 영향을 받았고, 불교 문화재가 많다.	금으로 만든 화려한 장신구가 많다.

이웃 나라들과 활발히 교류한 삼국의 문화를 알아봅시다.

세계와 교류한 삼국

삼국은 서로 경쟁하고 협력하면서 중국, 일본 등과 교류하였다. 특히 중국에서 받아들인 불교를 통해 중앙아시아의 학문과 음악, 공예와 건축, 미술과 같은 문화도 함께 전해졌다. 고구려 고분에는 중국 신화에 나오는 신이나 상상의 동물, 서역인(중국의 서쪽에 있던 여러 나라)의 모습 등이 그려져 있다. 특히 무령왕릉은 무덤의 건축 양식과 유물로 보아 백제와 중국, 일본 사이에 교류가 활발했음을 보여 주는 고분이다.

일본에 전해진 삼국 문화

백제 일본과 가깝게 지냈던 백제는 일본의 고대 문화에 가장 많은 영향을 주었다. 근초고왕 때 아직기와 왕인이 많은 기술자들과 함께 〈논어〉(유학)와 〈천자문〉(한문)을 가지고 가서 글을 가르쳤고, 성왕 때에는 일본에 불교를 전해 주었다. 일본의 호류사 오중탑은 백제의 부여 정림사지 오층 석탑 모양을 그대로 받아들여 만든 탑처럼 비슷하다. 또 바다 건너 중국과 교류하였으며, 아직기와 왕인 등을 왜(일본)에 보내 한자와 유교 경전을 전해 주고 칠지도라는 칼을 왜왕에게 선물했다.

칠지도

부여 정림사지 5층 석탑(백제)

호류사의 탑(일본)

고구려 수산리 고분 벽화

일본 다카마쓰 고분 벽화

고구려 승려 혜자는 일본 왕자의 스승이 되어 일본이 불교와 우수한 문물을 받아들일 수 있도록 도와 주었고, 승려 담징은 종이와 먹 만드는 기술을 전해 주었으며, 호류 사의 금당 벽화를 그린 것으로 전해진다.

신라와 가야 신라는 배 만드는 기술과 둑 쌓는 기술을 전해 주었고, 가야의 토기는 스에키라는 일본의 토기에 영향을 주었다.

1 다음 그림에서 씨름을 하고 있는 사람의 얼굴을 살펴보고 다음 특징을 찾아보세요. 어느 나라 사람일까요?

뾰족한 매부리코

부리부리한 큰 눈

고구려 씨름도(각저총)

2 삼국 중 일본 문화에 가장 많은 영향을 끼친 나라는 어느 나라인가요?

3 수산리 고분 벽화와 다카마쓰 고분 벽화의 비슷한 점을 찾아보세요.

4 다음 두 반가사유상을 보고 비슷한 점을 찾아보세요.

반가사유상이란 의자에 앉아 오른발을 굽혀서 왼쪽 무릎 위에 걸치고, 오른팔은 굽혀진 오른쪽 무릎 위에 올려놓은 채 손가락을 펴서 엄지손가락과 가운뎃손가락으로 오른 뺨을 살짝 받치고 생각에 잠긴 자세의 부처상을 말한다. 우리나라 반가사유상은 처음에 신라의 것으로 알려졌다가 백제의 것이란 주장이 나와 현재는 삼국 시대의 것으로 설명하고 있다.

금동 미륵보살 반가사유상(삼국 시대)

목조 미륵보살 반가사유상(일본)

삼국의 문화재 지도 그리기

다음 보기의 유물과 유적이 어느 나라 것인지 밝히고,
다음 삼국의 문화재 지도에 표시해 보세요.

보기

광개토대왕릉비, 첨성대, 장군총, 몽촌토성, 수로왕릉, 충주 중원 고구려비,
익산 미륵사지 석탑, 수렵도, 부여 정림사지 5층 석탑, 분황사 석탑, 풍납토성, 무령왕릉,
천마총, 금동대향로, 북한산 진흥왕 순수비, 서산 마애여래삼존불, 단양 적성비

4 삼국 통일과 발해 건국

학습목표

• 신라의 삼국 통일과 발해의 건국 과정을 이해한다.
• 통일 후 신라 사람들의 생활 모습과 발해 사람들의 생활 모습을 이해한다.
• 통일 후 신라의 문화와 발해의 문화를 이해한다.

학습내용

01 신라의 삼국 통일
02 발해의 건국
03 신라와 발해 사람들의 생활 모습
04 신라와 발해의 문화

공부하고 스스로 평가하기

○ 신라가 삼국을 통일한 과정을 말할 수 있어요.　☆☆☆☆☆

○ 대조영이 발해를 건국한 과정을 말할 수 있어요.　☆☆☆☆☆

○ 통일 후 신라 사람들의 생활 모습과 발해 사람들의 생활 모습을 말할 수 있어요.　☆☆☆☆☆

○ 통일 후 신라의 발달된 불교 문화와 고구려 문화를 계승한 발해 문화를 말할 수 있어요.　☆☆☆☆☆

가장 뒤늦게 전성기를 맞이한 신라가 어떻게 백제와 고구려를 물리치고 삼국 통일을 이루게 되었는지, 그 과정을 알아봅시다.

648년 김춘추 나당연합 성공 나제동맹을 깨뜨리고 한강 유역을 차지한 신라는 백제의 끈질긴 공격으로 어려움에 처하자 김춘추를 고구려로 보내 연개소문에게 도움을 요청했다. 외교 능력이 뛰어난 김춘추(진골 출신 왕족)는 고구려가 신라의 요청을 거절하자 당나라로 건너가, 백제와 고구려를 멸망시킨 다음 대동강 이남의 땅을 신라에게 넘겨주겠다는 약속을 받고 당나라의 지원을 얻어냈다(나당연합). 진골 출신 최초로 신라의 왕이 된 김춘추(태종 무열왕, 재위 654~661)는 김유신과 함께 삼국 통일을 위해 노력했다.

김춘추(태종 무열왕)

660년 백제 멸망 나당연합군은 먼저 백제를 공격하였다. 신라의 김유신이 이끄는 5만 명의 군사에 대항해 백제의 계백 장군은 5천 명의 군사로 황산벌에서 전투를 벌였으나 패하였다. 이어 사비성이 함락되면서 백제는 멸망하였다.

668년 고구려 멸망 백제를 멸망시킨 나당연합군은 고구려를 공격하여 평양성을 함락시켜 보장왕의 항복을 받아냈다. 이로써 고구려는 멸망하게 되었다.

670~676 나당전쟁 백제와 고구려가 멸망하자 당나라는 신라까지 지배하려고 하였다. 이에 신라의 문무왕은 한반도에서 당나라 군사를 몰아내기 위하여 당나라와 전쟁을 벌였고, ㉠이 전쟁에 고구려와 백제의 유민들까지 함께 참여하여 싸웠다. 김유신 등의 활약으로 신라는 마침내 당나라 세력을 몰아내고 삼국 통일을 완성하였다.

문무왕과 신문왕 통일을 이룬 문무왕(재위 661-681)은 하나 된 신라를 만들기 위해 백제와 고구려 유민들을 통합하는 정책을 펼쳤다. 문무왕은 죽으면 불교 장례에 따라 화장하여 유골을 동해에 묻으면, 용이 되어 국가를 지키겠다고 했다. 이에 따라 유해를 화장하여 동해의 대왕암 일대에 뿌리고 큰 돌에 장례를 치렀다. 사람들은 왕의 유언을 믿어 그 큰 돌을 대왕암이라고 불렀다. 문무왕의 아들 신문왕(681-692)은 왕권을 강화하고 제도를 정비했다. 신문왕은 대왕암이 잘 보이는 해변에 감은사를 짓고 수시로 들러 아버지를 그리워했다. 하루는 동해의 용이 나타나 "아버지께서는 바다의 큰 용이 되셨고 김유신은 천신이 되셨습니다. 두 성인이 마음을 합쳐 진귀한 보물을 주셨습니다." 하며 피리를 바쳤다. 그 피리를 불면 적군이 물러나고 병이 나았으며, 가물면 비가 오고 장마가 지면 날이 개었으며, 바람이 잠잠해지고 파도가 잔잔해졌다. 그래서 만파식적(萬波息笛)이라 부르고 국보로 삼았다.

대왕암(문무왕릉)

1 신라와 당나라는 연합을 맺으며 어떤 약속을 했나요?

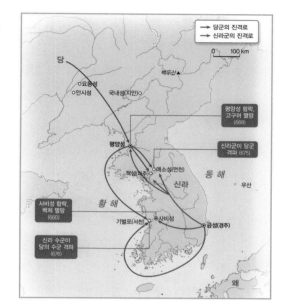

2 나당전쟁이 벌어지게 된 이유는 무엇인가요?

3 신라가 삼국을 통일한 과정의 연표를 완성해 보세요.

660	668	670	676

4 ㉠처럼 당나라와 맞서 싸우면서 백제와 고구려 유민들은 어떠한 생각이 들었을까요?

5 다음 글을 읽고 삼국 통일의 의의와 한계를 말해 보세요.

> 신라의 삼국 통일은 고구려, 백제, 신라의 사람들을 하나로 모아 민족 문화의 발전을 위한 토대를 마련하였다는 점에서 의의가 있다. 그러나 신라의 삼국 통일은 당나라의 힘을 빌려 이루어졌고, 고구려 북쪽 영토를 잃어 한반도 전체의 통일을 이루지 못했다는 한계가 있다.

의의

한계

당나라와 전쟁을 끝내고 신라가 나라를 정비하는 동안 북쪽에서는 대조영이 고구려 유민들을 모아 발해를 세웠습니다. 발해의 건국 과정을 알아봅시다.

대조영 – 발해 건국

고구려 멸망 이후 당나라는 고구려 땅을 직접 다스리고자 했으나 고구려 유민들은 거세게 저항하였다. 당나라는 고구려 유민들이 대항하지 못하도록 강제로 당나라 이곳저곳에 옮겨 살게 했다. 특히 영주 지방으로 많이 이주시켰다. 이때 고구려 유민 중 대조영이 있었다. 대조영은 고구려 유민과 말갈족을 이끌고 나와서 동모산 기슭에 도읍을 정하고 발해를 세웠다.

발해의 건국과정

"우리 고구려가 망한 지 30년이 지났습니다. 당나라가 고구려 옛 땅을 지배하고 유민들을 강제로 이주시켰습니다. 그러나 우리는 당나라 지배에서 벗어나고자 이곳 동모산에 이르렀습니다. 우리는 당나라의 추격을 물리치고 나라를 세웠습니다. 이곳에는 나를 따르는 말갈족도 함께하여 새로운 땅을 개척했습니다. 앞으로 당과 신라에 대항하여 고구려의 옛 영토를 되찾도록 노력합시다."

발해는 점차 고구려 옛 땅을 대부분 차지하였고 고구려의 기상과 문화를 이어받았다.

해동성국 – 바다 동쪽에 있는 번성한 나라

대조영의 뒤를 이은 무왕은 발해가 고구려를 계승한 나라임을 주변국에 알리면서 고구려의 옛 영토를 회복하여 옛 고구려 땅보다 더 넓은 영토를 차지했다. 발해는 네 번이나 수도를 옮겼는데 그중 상경은 가장 오랫동안 발해의 도읍지였다. 상경 부근에는 넓은 평야가 있고 물이 풍부하여 농사짓기가 좋았으며, 각 나라의 중심지와 통하는 대외 교통로가 있어 다른 나라와 교역을 하기에 유리하였다.

발해는 건국 초기에 당나라와 적대적인 관계였지만 이후 당나라와 활발하게 교류하면서 당나라의 문물을 받아들였고, 신라와도 교통로를 통해 사신을 주고받았다. 발해는 9세기에 이르러 동쪽의 융성한 나라라는 뜻의 '해동성국'이라는 말을 들을 정도로 강력한 국가로 성장했으나, 거란의 침입으로 멸망하였다.

발해의 멸망 이후 만주를 포함한 한반도 북쪽 지역의 땅은 다른 나라의 영토가 되었다. 이로 인해 우리 민족은 만주 지역에 대한 영향력을 잃게 되었다.

1 당나라가 고구려 유민들은 강제로 이곳 저곳으로 이주시킨 이유는 무엇인가요?

2 발해를 세운 대조영은 어느 나라 사람인가요? 발해의 백성들은 어느 나라 사람들인가요?

3 다음 발해의 유물과 유적을 보고 알 수 있는 사실은 무엇인가요?

고려

일본에서 발견된 목간

고구려 수막새

고구려 온돌

발해 수막새

발해 온돌

4 발해의 교통로 지도와 유물을 보고 발해와 교류한 나라들을 써 보세요.

중앙아시아 은화

발해가 일본에 보낸 외교 문서

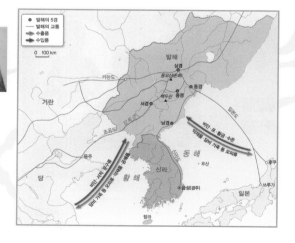

5 해동성국이란 무슨 뜻인가요?

통일 후 신라 사람들의 생활 모습과 발해 사람들의 생활 모습을 알아봅시다.

통일 후 신라 사람들의 생활 모습

통일 이후 신라는 영토와 인구가 늘어난 덕분에 이전보다 풍족한 생활을 할 수 있었다. 하지만 신라에는 골품제라는 신분 제도가 있어 귀족과 평민의 생활 모습은 아주 달랐다. 귀족은 대부분 도읍인 금성에 살면서 토지를 대대로 물려받거나 국가에서 받았고, 노비도 많이 거느렸다. 평민은 농사를 지으며 생활했고 나라에 세금을 냈으며 군사 훈련이나 궁궐, 성곽 등을 짓는 데 동원되었다. 왕궁이나 귀족의 집, 사찰, 관청 등은 기와로 지붕을 이었고, 평민은 흙벽에 풀로 지붕을 이은 초가집이나 나무로 만든 집에서 살았다. 또 당나라와의 교류가 활발해지면서 귀족을 중심으로 당나라의 옷차림이 널리 유행하였다. 또한 이전까지 주로 왕과 귀족들이 믿었던 불교는 원효와 의상의 노력으로 평민에게까지 전파되어 신라 사람들의 생활에 많은 영향을 미쳤다.

귀족의 모습 재상가에는 …… 노비가 3천 명이고 비슷한 수의 호위 군사와 소, 말, 돼지가 있었다. 짐승들을 바다 가운데 섬에서 길러 필요할 때 활로 쏘아서 잡아먹었다. 〈신당서〉

평민의 모습(효녀 지은 이야기) 나이 32세가 되도록 홀어머니를 모시느라 결혼하지 못했다. 집안 형편이 어려워 남의 집 일을 하고 삯을 받아 겨우 먹고 살았다. 나중에는 부잣집 종으로 일을 하여 어머니를 봉양하였다. 어머니가 딸이 평민에서 종이 된 사실을 알고 나서 대성통곡했다. 〈삼국사기〉

발해 사람들의 생활 모습

발해는 신라보다 북쪽에 있었기 때문에 날씨가 추워 논농사에 적합하지 않았으나 땅이 넓어 여러 작물을 재배했다. 발해 성터에서 탄화된 콩, 메밀, 보리, 수수 등이 발굴되었고, 각종 농기구와 저장 창고도 발견되었다. 발해 사람들은 주로 잡곡과 해산물을 먹었고 가축을 길렀다. 또 다양한 형태의 그릇을 사용하였다.

발해의 궁전은 화려하게 장식한 기와로 지붕을 이었다. 평민은 땅 위나 반지하에 집을 짓고 살았다. 발해의 귀족은 고구려와 당나라 문화의 영향을 받은 옷을 입었다. 여자들은 비녀와 빗을 꽂아 장식하였으며 장신구로 몸을 꾸몄다.

1 삼국 통일 후 신라의 불교 문화가 더욱 발달한 이유는 무엇인가요?

2 평민들에게까지 불교를 널리 퍼뜨린 다음 두 스님은 누구인가요?

3 신라에서 당나라로 건너가 이름을 떨친 다음 두 인물은 누구인가요? 왜 이들은 당나라로 건너갔을까요?

어렸을 때 당나라로 유학 가서 과거에 합격하여 당나라 관리가 되었다. 신라로 돌아온 이〇〇〇은 존경받는 유학자였지만, 6두품이라는 신분의 한계 때문에 자신을 뜻을 펼치지 못했다.

신라의 평민 출신으로 어렸을 때 당나라에 건너가 뛰어난 무술 실력으로 무관이 되었다. 당나라에 노예로 끌려와 고생하는 신라 사람들을 보고 신라로 돌아와 왕의 허락을 얻어 1만 명의 군사로 청해진을 설치했다. 수군을 훈련시켜 해적들을 소탕하여 신라인의 해상 무역로를 보호하고 당, 신라, 일본을 연결하는 국제 무역로를 주도하여 부와 명성을 쌓았다

4 신라 사람들이 골품제에 따라 차별을 받은 것이 아닌 것은?

①집의 크기　　　②옷의 색깔　　　③장신구　　　④자식의 수

5 다음 중 신라 귀족의 생활 모습을 알 수 있는 유물과 관련이 없는 것은?

경주 동궁과 월지

나무주사위

금동 초 심지 가위

신라 민정 문서

6 다음 발해의 문화재를 보고 알 수 있는 발해 사람들의 생활 모습은?

발해의 토기

발해 구름 모양 자배기(복원모형)

정효 공주 무덤에 그려진 사람

통일 후 더욱 발달한 신라의 불교 문화와 발해의 문화를 알아봅시다.

통일 후 신라의 문화

통일 이후 신라는 삼국의 문화를 하나로 합치고 여기에 당나라 문화를 받아들이며 불교를 더욱 발전시켰다. 특히 백성의 마음을 하나로 모으고자 이전보다 불교를 더 중시했다. 이 시기에 만들어진 대표적인 문화재는 불국사와 석굴암이다. 이들 문화재는 세계 문화유산으로 등재되었다. 불국사에는 다보탑과 석가탑이라 불리는 삼층 석탑이 있다.

불국사 불국사는 '부처님의 나라' 라는 의미를 가진 절로 부처님의 세계인 불국토를 지상 세계에 표현한 것이다. 불국사 안에 있는 청운교, 백운교, 석가탑, 다보탑 같은 건축물은 신라인들의 돌을 다루는 정교한 솜씨를 엿볼 수 있다. 불국사의 석가탑을 보수하는 과정에서 발견된 〈무구정광 대다라니경〉은 세계에서 가장 오래된 목판 인쇄물로 인정받고 있다.

불국사

석굴암 통일신라 시대에 경주 토함산에 세워진 한국의 대표적인 석굴 사찰이다. 화강암으로 만든 석굴암은 전실, 통로, 주실로 이루어져 있는데, 본존불이 있는 주실은 천장이 원형인 돔 형태로 되어 있다. 신라인들의 신앙과 염원, 뛰어난 건축미, 성숙한 조각 기법 등을 보여주는 역사 유적으로 국보 제24호로 지정되었으며, 유네스코 세계문화유산으로도 지정되었다.

석굴암   성덕대왕 신종

발해의 문화

발해는 고구려 문화를 바탕으로 당나라 문화, 말갈 문화 등을 받아들여 독자적인 문화를 이루었다. 특히 정효 공주 무덤은 발해 문화를 이해할 수 있는 중요한 유적이다. 무덤 내부는 당나라 식으로 벽돌을 쌓아 만들었고 천장은 고구려 식으로 기다란 돌을 계단처럼 쌓았다. 무덤 위에 불교식 탑을 세운 형태를 하고 있다. 무덤 안에 그려진 사람들과 묘비에 쓰인 내용을 통해 발해 사람들의 생각과 생활 모습을 짐작할 수 있다.

1 다음 두 문화재는 무엇인가요? 두 문화재는 어떤 관계가 있나요?

2 불국사란 무슨 뜻인가요? 다음 불국사의 두 탑 중 무구 정광 대다라니경이 발견된 석탑은?

무구 정광 대다라니경

석가탑

다보탑

3 경주 역사 유적 지구가 세계 문화유산에 등재된 까닭은 무엇일까요?

경주 남산 용장사곡 삼층 석탑

경주 남산 칠불암 마애 불상군

4 다음은 경주의 원성왕릉에 서 있는 석상이다. 다음 특징을 찾아보고 어느 나라 사람인지 알아맞혀 보세요. 이를 통해 무엇을 알 수 있나요?

곱슬머리
진한 눈썹
우뚝한 콧날
머리에 두른 것

5 다음 중 발해 문화와 관련이 없는 나라는?

　　① 고구려　　　　② 말갈　　　　③ 당나라　　　　④ 거란

6 다음 발해의 문화재를 보고 ㉠, ㉡에 해당하는 문화재를 찾아보세요.

　　발해 역시 불교를 중시하였다. 남아 있는 발해의 불상, 석등, 연꽃무늬 기와 등을 보면 ㉠발해의 불교 문화를 짐작할 수 있다. 발해의 중심지였던 상경에는 발해의 역사와 문화를 알 수 있는 석등과 돌우물, 성터 등의 문화재가 남아 있어 ㉡당시 상경성의 모습을 짐작할 수 있다.

❶ 이불병좌상

❷ 연꽃무늬 수막새와 벽돌

❸ 팔보 유리정
(고구려 우물 양식을
이어받은 발해 우물)

❹ 발해 석등

7 다음 정효 공주 무덤 내부 모습에서 당나라 양식과 고구려 양식을 찾아보세요.

❷ 정효 공주 묘비
❶ 벽돌을 쌓아 만든 내부
❸ 무덤으로 내려가는 계단
❺ 기다란 돌을 계단처럼 쌓은 천장
❹ 관을 모셔 두는 곳

정효공주 무덤 벽화

[제13회 초급 3번 문제]

1. 다음 내용을 알 수 있는 자료로 적절한 것은? [2점]

주몽의 아들 온조는 백제를 세웠어요. 백제는 고구려 지역에서 내려온 사람들이 한강 유역에 살던 사람들과 연합하여 세운 나라였어요.

①
석촌동 돌무지무덤

② 금동관

③
광개토 대왕릉비

④
천마도

[제14회 초급 4번 문제]

2. 다음과 관련된 삼국 시대의 종교에 대한 설명으로 옳지 않은 것은? [3점]

① 삼국의 문화 발전에 기여하였다.
② 삼국 중 신라가 가장 먼저 받아들였다.
③ 왕권을 강화시켜 주는 데 큰 역할을 하였다.
④ 백성들의 마음을 하나로 모으는 역할을 하였다.

[제11회 초급 9번 문제]

3. 다음 문화재를 볼 수 있는 곳을 지도에서 옳게 찾은 것은? [3점]

① (가)　　② (나)　　③ (다)　　④ (라)

[제12회 초급 6번 문제]

4. 다음 지도를 통해 알 수 있는 시대의 사실로 옳지 않은 것은? [3점]

① 김춘추는 당으로 건너가 나·당 연합을 이끌어 냈다.
② 신라와 당의 교역이 활발해지면서 당에 신라방이 생겼다.
③ 발해는 일본과의 교역을 중시하여 여러 차례 사절을 보냈다.
④ 장보고는 청해진을 설치하여 서·남해의 해상권을 장악하였다.

이 곳에 가고 싶어요

이번 달에 배운 유적지 중 가장 가보고 싶은 곳 하나를 골라
답사 계획서를 작성해 보세요.

유적지	
유적지 주소	

답사 예정 날짜	함께할 사람

가보고 싶은 이유	
더 조사하고 싶은 내용	

답사 여행을 다녀와서

재미있게 답사를 잘 다녀왔지요? 보고서로 정리하면
더욱더 잊혀지지 않는 추억이 된답니다.

이름		날짜	년	월	일
유적지 이름					
같이 간 사람					
내가 본 유물과 유적					
느낀 점					
더 알고 싶은 점					

1차시 삼국의 성립 　　03쪽~

01. 고구려와 백제의 건국 이야기

1. 주몽
2. 부여 / 고구려는 부여에서 이주해온 사람들이 세운 나라이다.
3. 졸본(환인) / 지도에서 졸본을 찾아 표시한다.
4. 주몽 / 백제는 고구려에서 이주해온 사람들이 세운 나라이다.
5. 비류 – 미추홀(인천), 온조 – 위례성(서울) / 지도에서 미추홀과 위례성을 찾아 표시한다. / 온조가 나라를 세운 한강 유역은 넓은 평야와 풍부한 물 때문에 농사짓기 용이했다.
6. 공통점 : 두 나라 모두 다른 나라에서 이주해온 사람들이 세운 나라이다. / 차이점 : 고구려를 세운 주몽은 탄생 설화가 있지만 백제의 온조는 없다.(이 외에도 자유롭게 자신의 생각을 이야기한다.)

02. 신라와 가야의 건국 이야기

1. 박 – 둥근 알에서 나왔다는 뜻,
   혁거세 – 세상을 밝게 다스린다는 뜻
2. 경주 / 지도에서 경주를 찾아 표시한다.
3. 김해 / 지도에서 김해를 찾아 표시한다.
4. 고구려 – 주몽 설화, 백제 – 온조 설화, 신라 – 박혁거세 설화, 가야 – 김수로 설화 / 건국 이야기가 다른 나라 – 백제, 백제의 시조 온조만 알에서 태어났다는 설화가 없다.
5. 알은 하늘을 나는 새가 낳으므로 우리의 왕은 하늘에서 온 사람이다. 둥근 알은 태양을 상징하기 때문에 우리의 왕은 태양을 상징한다. 등등. 그 때 당시 사람들이 왜 자신들의 왕이 알에서 태어났다고 말했을지 상상해 봅시다.
6. 자신들의 시조를 일반인과는 다른 대단한 인물로 표현하기 위해

03. 중앙 집권 국가의 기초를 세우다

1. ④
2. 백성들의 마음을 하나로 모으기 위해, 왕의 권위를 세우기 위해 / 고구려 – 백제 – 신라
3. 전통 신앙에서는 귀족들이 제사장 역할을 하기 때문에 백성들이 제사장인 귀족들을 떠받들어 귀족들의 권위가 높다. 하지만 불교에서는 부처(왕)를 떠받들기 때문에 귀족들의 권위는 약해지고 왕의 권위가 높아진다. 그래서 신라의 귀족은 전통 신앙을 옹호하고 불교 수용을 반대했다.
4. 이차돈이 자신을 희생해서 신라가 불교를 인정할 수 있게 한 사건(자세한 내용은 교재의 제시문을 참고하세요.)
5. 왕이 곧 부처이므로 부처님을 모시듯이 왕을 모셔야 한다는 사상이기 때문에 백성들이 불교를 믿을수록 왕에 대한 충성심도 강해지기 때문에 왕권이 강화된다.
6. 삼국이 백성들에게 불교를 널리 전파하기 위해 많은 불교 문화재들을 만들었다.

04. 삼국 시대 사람들의 생활 모습

1. 평민, 귀족, 노비, 평민, 노비
2. 귀족들은 기름진 쌀밥을 먹고 평민들은 거친 보리밥을 먹었다. 귀족들은 화려한 비단옷을 입고 평민들은 거친 삼베옷을 입었다.
3. 그림을 보고 알아낼 수 있는 내용을 자유롭게 얘기한다.(예 : 의자에 앉아서 생활했어요. 신분에 따라 사람 크기를 다르게 그렸어요, 등등)

2차시 삼국의 전성기 　　13쪽~

01. 4세기 : 백제의 전성기

1. 한강 유역을 차지하고 있었기 때문에
2. 넓은 평야 지대라 농사가 잘되었고, 한강을 통해 편리하게 물자를 운반할 수 있고, 바다를 통해 중국으로부터 발전된 문물을 받아들이기 쉬웠다.
3. 지도에서 한강을 찾아 표시한다. / 백제
4. 황해(서해)
5. 4세기 근초고왕 때
6. 마한을 정복하고 전라도까지 영토를 넓힌 근초고왕은 고구려를 공격해 평양성에서 고국원왕을 죽이고, 북으로는 황해도 남으로는 전라도 남해안까지 영토를 확장했다.

02. 5세기 : 고구려의 전성기

1. 졸본 – 국내성 – 평양성
2. 남쪽 – 백제, 왜 / 북쪽 – 거란, 후연, 부여, 말갈
3. 고구려에 대항해서 신라와 백제가 맺은 동맹
4. 장수왕
5. 광개토대왕릉비 : 광개토대왕의 업적을 알 수 있다 / 중원고구려비 : 고구려 영토가 충청도 지역까지 미쳤음을 알 수 있다.

03. 6세기 : 신라의 전성기

1. 지증왕 : 강원도 진출, 우산국 정복 / 법흥왕 : 율령 반포, 불교 공인 / 진흥왕 : 영토 확장(한강 유역 차지, 대가야 정복, 함경도 진출), 화랑도를 통해 인재 길러냄
2. 고구려가 점령한 한강 유역을 빼앗기 위해 / 신라 : 한강 상류 지역, 백제 : 한강 하류 지역
3. 한강 상류 지역보다 한강 하류 지역이 더 중요한 지역이었기 때문에. 자신의 생각을 자유롭게 이야기한다.
4. 단양 신라 적성비, 지도에서 찾아보기, 신라가 고구려 땅이던 충청도 땅을 점령한 것을 알 수 있다. / 서울 북한산 신라 진흥왕 순수비, 지도에서 찾아보기, 진흥왕이 백제의 한강 하류 지역까지 빼앗아 한강 유역을 점령한 사실을 알 수 있다.
5. 신라 / 가야는 중앙 집권 국가로 성장하지 못하고 작은 나라들로 쪼개져 있어 힘이 강하지 못했다.
6. 북한산비 – 백제, 창녕비 – 가야, 황초령비 – 고구려, 마운령비 – 고구려

04. 7세기 : 고구려, 수.당의 침입을 물리치다

1. 중국의 침략 위험 때문에
2. 중국 병사들이 지친 것을 알고 거짓으로 항복해서 돌아가게 만들었다. / 살수에서 크게 승리했기 때문에
3. 지도에서 살수와 안시성을 찾아 표시한다.
4. 훌륭한 작전을 사용했고 뛰어난 장수들과 백성들이 힘을 합쳐 싸웠다.
5. 자유롭게 상상해서 이야기한다.

3차시 삼국의 문화   23쪽~

01. 고구려의 문화

1. ②
2. 돌무지무덤, 굴식 돌방무덤 / 널방과 앞방의 벽과 천장에 그렸다.
3. 수렵도와 무용도 / 무용총에서 발굴 / 자신의 느낌을 자유롭게 표현한다.
4. 중원고구려비 / 비석이 발견된 충주의 옛 이름이 중원이기 때문에 / 고구려가 충청도 지역까지 영역을 확대했다는 증거가 된다.

02. 백제의 문화

1. 한성(위례성) - 웅진(공주) - 사비(부여)
2. 고구려의 무덤과 비슷하다. 이는 백제 초기의 문화가 고구려로부터 이어받았다는 사실을 알 수 있다.
3. 웅진 시대부터 백제가 중국의 영향을 강하게 받았다는 사실을 알 수 있다. / 공주(웅진)
4. 금동대향로
5. 금동대향로 - 백제인의 뛰어난 금속 공예 기술을 알 수 있다. / 익산 미륵사지 석탑 - 국내에서 가장 규모가 큰 석탑, 목탑에서 석탑으로 이행하는 과정을 보여주는 석탑 / 부여 정림사지 5층 석탑 - 목탑의 구조와 비슷하지만 돌로 만든 아름다운 석탑이다. / 서산 마애여래 삼존상 - 가운데 부처의 온화한 얼굴은 백제의 미소로 유명하다.

03. 신라와 가야의 문화

1. 경주
2. 천마도-천마총, 금관-금관총 / 화려하고 아름답다. (자신의 생각을 자유롭게 표현한다.)
3. 옆의 사진에서 첨성대를 찾아 표시한다. / 첨성대는 천문 관측대로 사용되었다.
4. 가야 지역에서는 철이 많이 생산됐다.
5. 고구려 - 산악 지형 - 진취적이고 / 백제 - 한강 유역 - 화려하고 섬세한 / 신라 - 고구려와 백제의 영향 - 금으로 만든(문화에 대한 느낌은 사람마다 조금씩 다를 수 있지만 삼국은 자연환경의 영향을 받아 서로 다른 문화를 형성했다.

04. 삼국, 세계와 교류하다

1. 서역인의 모습
2. 백제
3. 주름치마를 입었다 등 보이는 대로 자유롭게 말한다.
4. 자유롭게 찾아본다.(반가사유상은 의자에 걸터앉아 왼쪽 다리는 내리고 그 무릎 위에 오른쪽 다리를 얹은 자세로, 오른쪽 팔꿈치를 무릎에 놓고 손끝을 뺨에 살짝 대어 깊은 생각에 잠긴 모습을 표현한 보살상이다. 반가사유상은 부처가 깨달음을 얻기 전 태자였을 때 인생무상을 느끼며 고뇌하던 모습에서 유래하였다.)

4차시 삼국 통일과 발해 건국   33쪽~

01. 신라의 삼국 통일

1. 대동강 이남의 땅은 신라에게 넘겨주겠다는 약속을 맺었다.
2. 당나라가 백제와 고구려를 멸망시킨 후 신라에게 대동강 이남의 땅을 넘겨 주겠다는 약속을 어기고 한반도 전체를 지배하려고 했기 때문에
3. 660 - 백제 멸망, 668 - 고구려 멸망, 670 - 나당전쟁 시작, 676 - 나당전쟁 승리, 삼국 통일
4. 당나라라는 공동의 적에 대항해 싸우면서 우리라는 동질감이 많이 생겼을 것이다.
5. 의의 - 고구려, 백제, 신라 사람들을 하나로 모아 민족 문화의 발전을 위한 토대를 마련했다. 한계 - 당나라의 힘을 빌려 이루었고, 고구려의 북쪽 영토를 잃고 말았다.

02. 발해의 건국

1. 고구려 유민들이 힘을 합쳐 당나라에 저항하지 못하도록
2. 대조영 - 고구려 장수 / 발해 백성들 - 고구려 유민 + 말갈
3. 발해가 고구려를 계승한 나라임을 알 수 있다.
4. 당나라, 신라, 거란, 일본, 중앙아시아
5. 바다 동쪽에 있는 번성한 나라

03. 신라와 발해 사람들의 생활 모습

1. 삼국을 통일한 후 서로 싸우던 삼국의 백성들을 하나로 모으기 위해 불교를 더욱 중요하게 여겼다.
2. 원효와 의상
3. 최치원과 장보고 / 신분의 한계로 신라에서 성공하기 어려웠기 때문에(골품제는 신분에 따라 올라갈 수 있는 관직이 정해져 있어서 아무리 뛰어나도 관직에 나아갈 수 없었다.)
4. ④
5. 신라 민정 문서
6. 발해 사람들이 사용한 그릇, 귀족들이 사용한 도자기, 발해 사람들의 옷차림을 알 수 있다.

04. 신라와 발해의 문화

1. 감은사지 삼층 석탑, 문무왕릉(대왕암) / 문무왕의 아들 신문왕이 아버지의 뜻에 따라 대왕암(문무왕릉)이 잘 보이는 곳에 감은사를 지었다. 용이 바닷물을 타고 감은사 절 밑을 드나들 수 있도록 설계되었다.
2. 부처님의 나라 / 석가탑
3. 1000년 동안 신라의 수도였기 때문에 거대한 왕릉, 사찰 등 문화재가 많아서
4. 서역인 / 서역과 교류가 있었다.
5. ④
6. ㉠ : ①, ② / ㉡ : ③, ④
7. 당나라 양식 ① / 고구려 양식 ⑤

기출문제풀어보기   1. ①   2. ②   3. ②   4. ①   43쪽